新しい道徳と神概念についての諸考察

〜虚無とタブー〜

田﨑 久也
Tasaki Hisaya

風詠社

目　次

Ⅰ　はじめに

現代は道徳と神の不在の世界と言っていい。ニーチェによって道徳と神とその教育の在り方について否定され、サルトルの哲学によって世界の認識の在り方が詳細に突き詰められ、道徳と神の不在をよりいっそう押し広げられたものと思われる。そのためもあってか現代は、哲学、心理学、教育学において、または人が生きる上でも、善や正義は混迷としていると思われる。

しかし、このような問題は教育史としての資料の古いものとして、ソクラテスの時代からの課題でもある。そしてこの時代からすでに善や正義、教育や政治や神について論じられ続け、ニーチェによって、善や正義の中にある、約二千年の間収め込まれ続け、これ以上収まりきれなくなった一つの狂気の扉が開かれたのではないだろうか。

そして世界大戦という名がついた現実から、偶然か必然か、それらの狂気に着目したフロイトとその弟子ユング（後に決別）によるそれぞれの心理の仮説と及びその説明が登場し、狂気の中にある死や破壊の欲動が、生の欲動とともに認められつつあることになったと思われる。

これらはサルトルによって私（達）の世界の意識における現象学として一つの体系にまとめられ、その意識から私（達）は全くの自由であり、私（達）の存在には無がつきまとうことが説明され、道徳的記述として実存的精神分析が配置された。

これらの哲学、心理学の考察から、本論文は新しい道徳と神概念についての諸考察が試みられることになる。

Ⅱ　哲学における善と悪

哲学とは善を求める営みであり、悪と思われるものとの戦いであるとも言える。他方では、そのような争いの煩わしさをどうにかするための諸々の作業や手段であったと言える。そしてこれらは真実や真理を追求する営みであり、知性や理性、意志や論理性と言われるものを用いた「共通理解による問題解決の営み」と考えられる。

このことを考えるに当たって、まずソクラテス、プラトンの考えとして、知愛者としての哲学者を支配者とし、真実の知としての徳を正義、知恵、節制、勇気とした。そして、一人、または少数の専門化が多数の民衆よりもその専門のことにかけて劣っていることがありえるか？　と言ったような問いから知愛者のいないことによる悪徳、悪性を説いた。

しかしソクラテス自身の考えを支えたのは彼の内なる声である心霊（ダイモー

ン）であり、目指すものとして魂の健康や知恵の源としてのイデアなど、根本的な善や神については不確定なものに頼らざるを得なかった。このような不確定な神を支配者、すなわち王として約二千年の時が流れる。この間の善として神が支配していたことは、神に逆らう者は死刑という恐怖によるものである。

この流れを変えたものの一つにデカルトの考えがあり、完全性を持つ神を知ることは理性による確実性によるものだ、というものであり、真らしいものや理性的でないものによる悪性、悪徳を説いた。この後市民による支配者である王に対しての革命が相次ぐが、支配者を殺して被支配者の立場に追放し復讐を遂げたところで、新たな支配者をどうするかについての問題が生じる。

この問題の解決としてカントの考えがあり、人間の傾向性によらないア・プリオリ（およそ経験に関わりのない認識）な認識によることから、人間の最高善について、及びそれに伴う心の不死と神の永遠性（未来性）、さらに自由、これらを道徳的法則の義務の遵奉によるものだと説明した。しかしカントの哲学は観念論や理想主義と言われるように、現実的にまだ何か足りていなかったようである。

そのためもあってか、後に人間の現実存在に着目したショウペンハウエルの考えとして、人間の存在に意味はなく、苦しみや不幸が原則であり死んで無に帰す、と言うような虚無主義なものや、キェルケゴールの考えとして、自己の存在のなさによる絶望、また自己の存在に気づいたことによる絶望など、現実の苦悩や問題に即して説明する実存主義哲学が始まる。

その後この流れからニーチェが考えたこととして、人や社会にある支配と欲動の在り方を説き、既存の道徳や善を悪として、既存の悪とされていることを善とした。さらに『道徳の系譜学』の最後において、人間存在の意味への問いから、虚無への意志という新たな問題を開いた。時代背景としては資本主義と社会（共産）主義の分裂が進み、世界大戦へと進んでいく。そして第二次世界大戦終わり頃、サルトルが『存在と無』発刊。私（達）の存在と意識の在り方を説明し、存在につきまとう無について説明した。

現代哲学はこの無の問題を避けては通れないのではないであろうか。どのような善や正義を主張したとしても、私（達）の意識は一面的になり、その瞬間に私（達）には無化作用が生じ、私（達）は非本質的なものとなり、私（達）の本質は檻に閉じ込められることになる。このようにして私（達）の本質は「存在しているのに存在していないことにされる」のであり、この檻に入れられた人間の本質は、ニーチェが説明したように狡猾な復讐心による社会システムによって生き血を吸い合うように気も狂わんばかりに生きるしかなかったのではなかろうか。

このような檻の中の私（達）の本質は、ニーチェが指摘したように私（達）はなんのために存在するのだ？　無駄なのでは？　という虚無から先に述べた復讐心の社会システムを形成するのに一役、または全てを買ったと思われる。この虚無は未だ私（達）の問題であると思われる。私（達）に求められるのはこの虚無についての考察と、私（達）の本質を閉じ込めている檻からの解放であると思われる。

Ⅲ　虚無についての考察

虚無が問題の親玉とするならば、無とは虚無によって用意された檻であろう。私（達）は強制的にこの檻に入れられるのか、それとも与えられる餌の誘惑に負けたのか、それとも虚無を避けるために自ら檻を求めたのか、差し当たり私（達）はサルトルの考察した無について見てみよう。

まずサルトルの無の考察に「問いかけ」と「否定」があり、さらに恐怖から不安へ、不安による自由の意識へ、さらにその不安による自由の意識による自己自身の過去化がある。

「自由において、人間存在は、無化という形のもとで、自己自身の過去である（同様な形のもとで、自己自身の将来である）。」（巻末〈引用・参考文献〉※1　p.131）

しかしこのことによって私（達）は私（達）の本質と未来から切り離されることになる。

「不安が成立するのは、意識が無によって自己の本質から断ち切られていることを知るとき、あるいは意識が自己の自由そのものによって未来から切り離されていることを知るときにおいてである。」（※1　p.147）

確かに私（達）は問いかけられることによって、否定されることによって私（達）の存在は一面的になり私（達）の全存在とも言える本質は囓られ無の檻に入れられることになる。しかし果たして全ての問いかけ、否定がそのようになるだろうか？否、全ての問いかけ、否定がそのようになるわけではない。サルトルが述べたように、問いかけ、否定は知の非存在、超越的存在のなかの非存在の可能性への懸け橋となる可能性を持っている。そして第三の非存在である限定という非存在をも招く（※1　pp.76-77）。

サルトルは恐らくこの限定という非存在、すなわち無に取り囲まれ抜け出ることができなかった。彼の例文による説明や未来についての説明からも明らかかと思われるが、彼は世界に対する意識を他（者）の存在による不安や恐怖、即自や対自と名付けその関係によるいわゆる過去（ニーチェの言葉をまとめれば、この過去とは虚無心からでっち上げられた信仰、と言えるのではないか、さらにソクラテス、プラトンの言葉で言えば、この過去とは〈真似〉（※5　p.214）、と言えるのではないか）に、いわゆる無に、彼の支配権をゆだねてしまった。しかし彼は彼自身を通して如何にして私（達）が無に支配権を譲るかを教えてくれたと思われる。それは他（者）、不安や恐怖、過去に支配権を譲ることにある。これらに支配権を譲ることは虚無を構成する要素と思われる。

しかし虚無の構成要素はこれだけではないであろう。これで虚無について明らかになっていれば、サルトルは無に支配権をゆだねることはなかったはずである。サルトルは言わば彼の言う「目的の光」が足りず、虚無という親玉を照らし出すには至らなかったと思われる。このことはニーチェが提起した問題に対して多大な貢献と問題解決の糸口を見出したと思われるが、問題解決とまでは至らなかったと言える。

ではどのようにして私（達）は他（者）、不安や恐怖、過去に支配権を譲らずその対称であるような私（達）、愛や安らぎ、未来に支配権をゆだねられるだろうか？その考察は虚無を考察することによって自ずと明らかになるのではないだろうか。

次に私（達）が考察する必要があると思われることはこの他（者）、不安や恐怖、過去を糸口としてのさらなる虚無への考察であると思われる。まず他（者）とは私（達）とは肉体的、言うなれば物質的に分離した意識を生じさせる。私（達）は他（者）を石や木の枝、荷台や掃除機や説明書と同じように道具として扱うことができるし、私（達）もまた道具として扱われていることを知っていると思われる。このような私（達）や他（者）を肉体的、物質的なものと見なす道具性はサルトルの言う即自、対自であり過去であり、虚無を構成する要素と思われる。

この即自、対自、過去についてわかりにくいかもしれないので、例としてショウペンハウエルの言葉を挙げると、

「世界の舞台の上でどんなに脚本や仮面が変わるにしても、結局俳優達はすべての点で同一なのである。我々は一緒に坐って、語り合い、互いに心をゆさぶりあっている、眼は輝き声は昂まってくる、――千年前もちょうどこんな風にほかの人達が坐っていた、それは全く同じ風であり同じ人達であった。千年後にもやはり同じ光景が繰り返されることであろう。この事実を我々に気づかせないようにしている仕掛けが、時間なのである。」（※3 p.20）

があるように、脚本や仮面と言うような肉体的、物質的、道具性に限った見方は

私（達）を虚無主義に連れて行ってくれると思われる。

さらにこの肉体、物質性を踏まえての不安や恐怖を考察すると、死についての考察が必要になると思われる。私（達）は石で頭を割ることや木の枝で喉を貫くことが起こりえるが、これは他（者）によって起こりえることである。フロイトは『トーテムとタブー』において不安や恐怖の根源を死とし、サルトルは他（者）の対象の発見による私自身の「対象―存在」の発見があらゆる恐怖の根源とした（※2 p.182）。実存主義に限らず死は虚無と見られるようだが、しかし死を虚無と見るのは誤りであろう。

今までの考察から明らかと思われるが、虚無を見るのは他（者）、不安や恐怖、過去、肉体（物質性、道具性）という虚無を構成する要素に支配権をゆだねていることによってであり、他（者）によって過去に生きてきた肉体（物質性）を失う不安や恐怖、が生じることによってである。すなわちこれは死ではなく虚無である。もし私（達）が仮に虚無を死と名づけるのであれば、虚無に支配権をゆだねている人達は「死んでいる人達」と呼ばざるを得ないであろうし、そう信ずる人があれば、その人は虚無に支配権をゆだねていると考えられる。

では死とはいったいなにか？　ひとえに死とは生への入口であり虚無からの脱出であると思われる。そして私（達）の本質を閉じ込めている檻の鍵はここにあると思われる。ここで私（達）は虚無についての考察を引き継ぎつつ、檻の鍵である死についての考察を必要とすると思われる。

Ⅳ　死についての考察

死とは元来生命あるものに共通し、支配し、恐怖や不安を与えるものと思われているる節があると思われる。しかしこれは虚無に支配権をゆだねることによるものだということを先に述べた。しかし、逆に今一度考えて見ると、他（者）、不安や恐怖、過去、肉体（物質性、道具性）以外に生命あるものに「共通したもの」は有り得るだろうか？　虚無とは「何もなく虚しい」の意であり私（達）を無の檻に閉じ込めるが、私（達）には「何もなく虚しい」以外に「共通したもの」は有り得ない。逆に言えば「何もなく虚しい」と言う虚無があるからこそ私（達）はお互いに何かを求め合い、私（達）の世界は成り立つとも言える。

そのためもあってか、他（者）、不安や恐怖、過去、肉体（物質性、道具性）以外に、「共通理解」はないが「共通したものと思われるもの」（虚無を共通とした世界から抜け出たものと妄信したもの）として死という概念を支配位置、すなわち神とせざるを得なかったと思われる（フロイト『トーテムとタブー』を参照されたい）。

この神とは「死に神」であり、神という仮面をかぶった虚無である。このためもあってか、何が根本的原因かは不明だが、私（達）はこの「死に神」という仮面をかぶった虚無によって快楽が得られる仕組みになっている（あるいは環境や未知なる作用によってつくり変えられたか、またあるいはそれを目的としてつくられたか）。カントが傾向性や、自分自身の幸福（※4 p.82）と呼んだのはこの虚無による快楽に他ならない。

私（達）はこの「何もなく虚しい」という心の空虚さを埋めるために、血で血を洗うように虚無に虚無を重ねてきたと思われる。私（達）は有史以来、虚無依存症であると思われ、この依存症について考察を繰り返してきている。このことは明らかと思われるが、例としてカントとショウペンハウエルの言葉を挙げると、

「幸福を得ようとする欲望が人間に普遍的であり、従ってまた各自が幸福を彼の意志の規定原理たらしめようとする格律もやはり普遍的であるからといって、そういう物分かりのよい人達までが、このような格律を普遍的な実践的法則に仕立てよ

うなどと考えついたということはいかにも不審である。……［中略］……しかし我々のこの［実践的な］場合には、もし格律に法則のもつような普遍性を与えでもしようものなら、およそ［格律と法則との］一致とは似ても似つかぬ極端な反対物を生じるだろう、それは格律そのものと格律の意図するところのものとの最悪の抗争であり、両者の完全な破滅である。そういうことになると、すべての人の意志が同一の対象をもつことはできないから、めいめいが自分だけの対象（彼自身の仕合わせ）をもつことになる、このような対象は、なるほど偶然的にはほかの人達のそれぞれの意図と——還元すれば、これまた彼［の幸福］だけに向けられている意図と折合うことはできるかも知れないが、しかし法則たるにはとうてい十分ではないのである。……［中略］……するとこうして生じるいわゆる調和なるものは、互に相手を破滅させようとする夫婦のあいだの心意の一致を、或る風刺家が『おお驚くべき調和よ、彼の欲するところは彼女もまた欲する』とうたっているような調和や、あるいはフランス王フランソワ一世がドイツ皇帝カルル五世に対して『我が兄弟カルルの領有せんと欲する地（ミラノ公国）は、余もまた領有せんと欲す』と申し送ったという話しにある調和のようなものである。……［中略］……或る人は彼自身の主観を、他の人はこれまた彼自身の主観を、それぞれ彼等の傾向性の根底に置くし、また同一の主観においてすら、或る時にはこの傾向性が、また或る時には別の傾向性が優位を占めるというふうだからである。しかしこのような思い思いの傾向性を全面的に一致させるという条件のもとで、これら一切の傾向性を普遍的に支配する法則を見つけ出すことは、絶対に不可能である。」（※4　pp.66-67　※……［中略］……は筆者によるもの）

「人間が動物と共通にもっているかの同一の要素のなかから、おのれの幸福と不幸とに関する感覚の一種の昂揚が展開してくる、――そしてこの昂揚は、往々にして致死的でさえもあるような瞬間的な陶酔や乃至はまた絶望的な自殺にまでも人間を導いてゆくことがありうるのである。さらに詳細に考察すれば、この間の事情の経過は次のようなものであろう。人間の諸々の欲求は、もともとこれを満足させるのに動物のそれに比して何ほどの困難もないようなものなのであるが、人間は快楽を昂めるために意識的にそれらの欲求を昂めているのである、――ここから、贅沢・美食・煙草・阿片・アルコオル飲料・虚飾その他それに類する一切のものが出てくる。さらにそれに、やはりこれも反省からの結果であるが、人間だけから流れ出てくるところの快楽の源泉、したがってまた苦悩の源泉が附け加わってくるのである、――この源泉こそは、際限もなくせわしく、しかり、殆どほかのすべてを一緒にしたよりもせわしいくらいに、人間をひきずりまわしているゆえんのものなので、野心並みに名誉と恥辱に関する感情が即ちそれである。――これらのものは、これを散文的に言えば、自分に関する他人の意見についての自分の意見、ということになろう。」（※3　pp.52-53）

があり、他にも理想となる人物や何かを仕立て上げる心理学で言う同一化、強迫概念による反復行動など、私（達）は心の空虚を埋めるために虚無に依存しており、神として必要としてきた。そのため「死に神」という仮面をかぶった虚無に如何に従順になり順応性（カントの言う傾向性）を発揮し、如何に「死に神」を拝み崇め能動的に行動できるかが「良い」の基準にさえなっている節があると思われる。

このような「良い」は、他（者）、恐怖や不安、過去、肉体（物質性、道具性）、順応性（傾向性）、能動性、死に神、に支配権をゆだねることになり、最初の原因は不明だが、恐らくこれらのどれか、または全てと思われるが、人類は殺人を犯す条件を手に入れ、また実行したと思われる。これがタブーの起源であると思われる。

恐らく虚無こそが人類史上最大の殺人兵器と言わざるを得ないし、虚無こそが殺意の根源である。私（達）は虚無を構成する要素に殺意を加えることができると思われる。

次に、私（達）は引き続き死についての考察を行うことにしよう。私（達）の虚無についての考察はこれくらいになると思われるし、如何にして私（達）の本質が無という檻の中に入るのか、または入れられるのかが多少なりとも明らかになったのではないだろうか。そして快楽を求め自ら檻の中に入りやすい可能性があるということも。そしてこの檻を鍵によって開けるこれからの哲学は未来哲学とでも言えるのではないであろうか。

サルトルが道徳的記述で挙げた実存的精神分析がまさにそれであろうし、カントの道徳的法則、ソクラテス、プラトン哲学も虚無についておよそ明らかになった今によっては息を吹き返すと思われる。さらにユング心理学による夢や物語の解釈も未来への後押しのために必要になると思われる。

それというのは、まず実存的精神分析は還元不可能に人間を規定し絶望が運命づけられている「くそまじめな精神」による無化作用に見切りをつけることを示してくれた。そしてカントの道徳的法則だが、上述の引用でカントは傾向性の普遍的法則を見つけ出すことは絶対に不可能である、と述べたが、私（達）はその不可能を虚無の考察によってほぼ可能にしてきたのである。

この考察によってカントの道徳的法則は言わば炙り出しのように浮かび上がって来るであろう。すなわち、私（達）、愛や安らぎ、未来、精神、指導性、受動性、神、に支配権をゆだねることがまさにそれであると思われ、そして私（達）を無化する虚無の構成要素を被支配の位置に据えることである。これは言わずもがな命令や要求による信ではなく実践理性的信（※4　p.290）である。そしてこのようなことはソクラテス、プラトン哲学の〈正義〉、〈知恵〉、〈節制〉、〈勇気〉が私（達）、精神、指導性、受動性に当てはまると思われる（※5　pp.319-333）。

とは言っても、これらのことはカントが安易なものではないと指摘したように（※4　p.309）、ソクラテスが洞窟の比喩でイデア〈善〉を観ることの大変さを指摘したように、私（達）には試練とも言えるような困難が待ち受けているであろう。と言うのは、虚無は性的なものに関係していることが虚無の構成要素から明らかかと思われ、私（達）は虚無から生まれたとも、虚無と共に生まれたとも言えるからである。このようなことから、私（達）は虚無による争いや無化作用は免れ得ないであろうし、このような虚無による争いや無化作用から未来哲学は行われることになると思われる。

そしてソクラテス、デカルト、カントが指摘しているように死を恐れていては道徳や善を為し得ることは不可能と思われるが、彼らの道徳や善は言わば表面的であり虚無への考察がおろそかになった故に、次世代からの世界はより強力で狡猾な虚無によって覆い尽くされることになった。

ソクラテスの道徳や善は後のプラトニズムによる分けられた教育によって、極悪非道の暗黒の中世への道が開かれ、近代合理主義の父と呼ばれるデカルトの道徳や善は、科学万能主義や残虐で合理的に行われる大規模な兵器による戦争への道が開かれたことが示唆され、カントの道徳や善は、虚無という現実を突き詰めさせることを教えてくれた。彼らは言わば彼らの表面的な道徳や善のみを信じ、自分の洞察による支配力の最上位性を知っていたからこそ、彼らは死の運命にあらがうつもりがなかったのであろう。

彼らのような老賢人の物語は、J・K・ローリング作のハリー・ポッターの物語に登場するダンブルドア教授の、ハリー・ポッターのいない場合の物語に相当するのではないかと思われる。ダンブルドアは魔法使いの中でも最上位性の力を持ち、彼は物語の中で道徳や善の象徴と言える。

しかし、彼の言葉の一つにこのようなものがある。

「当然じゃ。しかし、すでにきみに証したとおり、わしとてほかの者と同じように過ちを犯すことがある。事実、わしは大多数の者より——不遜な言い方じゃが——かなり賢いので、過ちもまた、より大きいものになりがちじゃ」（※6　p.298）

そして彼の死後、闇の帝王と呼ばれる者に世界は支配され、彼の墓は暴かれ、彼の最上位性の力を宿した彼の杖は、より強力な力を宿して闇の帝王と呼ばれる者の手中に収められることになる。主人公のハリー・ポッターがいればこの筋書きを免れ得るのであるが、現実はそううまくはいかなかった。

そしてこの表面的な道徳や善と、その影に潜む闇の帝王、本論文中の言葉を使えば虚無という親玉、の仕組みを初めに指摘したのがニーチェである。彼の善意志や人間愛は素晴らしいと思われるが、彼は真実や真理と言ったものを見いだせず晩年を狂気の闇に生きることになる。

恐らくニーチェ、サルトルが恐れたのは虚無や無というものが確実につきまとう自分を含めた人間という存在である。そしてこのような存在にとっては殺人すらも日常の些細なことと何ら変わることはない。そして道徳や善、法律や自然法則すらもそれを担う人間という存在によっては、私（達）の本質を檻に入れ狂気や殺意の闇に陥れる虚無や無の罠にすぎないと。

私（達）に求められるのはこのような虚無や無の仕組みや罠を見出し、できることならそこに法則性のようなものを定め被支配の位置に据えることである。そしてこれらのことと虚無の構成要素から考えられることとして、檻の鍵である死とは未知なる領域（未来）への扉（可能性）を開くことと考えられる。

そしてこの未知なる領域とは、サルトルが他者との根源的な反応として魔術的なものとして考察した恐怖と呼んだものが含まれる世界であり、フロイトが魔術的に人の心を支配しその根源を死の恐怖と考察したタブーと呼ばれるものでもあり、過去から未来への「流れ」や「道」と言ったものが織り成す世界であり、魔術的なものによる法則や法律、すなわち魔法によって成り立っている領域と考えられる。

そしてこれらは虚無の構成要素である、他（者）、恐怖や不安、過去、肉体（物質性、道具性）、順応性（傾向性）、能動性、死に神、殺意、に支配権をゆだねることと、先に道徳的法則で挙げた、私（達）〈正義〉、愛や安らぎ、未来、精神〈知恵〉、指導性〈節制〉、受動性〈勇気〉、神、死、によって織り成されている世界と考えられる。このような世界は夢や物語の解釈、老子の思想などから示唆が僅かに読み取れると思われ、さらに後に考察するタブーによって説明を補足するつもりである。

先にハリー・ポッターの物語に一つの虚無についての解釈を得たように、そしてフロイトが夢は願望の充足を表していると言い、ユングが夢や物語の深層に未来への心的な状況や可能性を指摘したように、虚無―願望―未来を夢や物語の中から解釈することは一つの未来哲学の考察に足るものと思われる。

そこで一つ、二つの物語の一部を簡単に解釈してみようと思う。一つは虚無に支配権をゆだねずに未来への可能性を開いたハリー・ポッターの物語。もう一つは虚無に支配権をゆだねるが未来への可能性を開いたダレン・シャンの物語である。

先にも触れたが、ハリー・ポッターの物語は魔法使いの物語であり、闇の帝王を巡っての物語である。ハリーは生まれたとき闇の帝王に殺されかけるが、魔法使いの母親の愛と犠牲によって守られ、その後マグルと呼ばれる虚無に支配権をゆだねているような人達に育てられる。一方、ダレン・シャンの物語は社会から死んだ人間として生きるバンパイアの物語であり、人間の血を飲まなくては生きていけず不適応を起こす。こちらも闇の帝王を巡っての物語であるが、こちらは運命によって闇の帝王になるために生まれた二人の男の子が、運命という父親の手から惨憺たる目に遭いながらも免れる物語である。

虚無を闇の帝王とするならば、ハリー・ポッターの物語は虚無と関わりがあるが、魔法という精神、知識的なものによる関わりであり、それを軸にしての友人、異性、学業、就業、果ては世界の支配位置についての願望充足を虚無と巡っての未来への物語である。一方、ダレン・シャンの物語は虚無そのものと言ったような生活で、住居を転々とし、人間より何倍も年をとるのが遅く肉体的なことや伝統や規律を重視し、そして目的もよくわからず試練や殺し合いばかりをしている世界であり、運命によって未来への幻想と闇の帝王を巡って不安や恐怖の中、殺意と逃避、拒絶や擬態のために策略を巡らしあう。

これらの物語はソクラテスの言う、気概の部分—欲望的部分—理知的部分の部分的な物語に相当するものと思われる（※5　pp.355-364）。

ソクラテスの言葉を挙げると、

「そこで、〈理知的部分〉には、この部分は知恵があって魂全体のために配慮するものであるから、支配するという仕事が本来ふさわしく、他方〈気概の部分〉には、その支配に聴従しその見方となって戦うという仕事が、本来ふさわしいのではないか」（※5　p.362）と述べ、

「そしてこの二つの部分がそのようにして育まれ、ほんとうの意味で自分の仕事を学んで教育されたならば、〈欲望的部分〉を監督指導することになるだろう。この〈欲望的部分〉こそは、各人の内なる魂がもつ最多数者であり、その本性によって飽くことなく金銭を渇望する部分なのだ。先の二つの部分はこれを見張って、この部分が肉体に関わるさまざまのいわゆる快楽に充足することによって強大になり、自分の為すべきことはしないで、その種族としてはおこがましくも他の部分を隷属させ支配しようと企て、かくてすべての部分の生活全体をひっくり返してしまうようなことのないように、よく気をつけるだろう」（※5　p.363）

と指摘しており、虚無―願望―未来の構図についての示唆が見受けられる。

しかしソクラテスから根本的な示唆が見受けられるわけではない。私（達）は

〈理知的部分〉と思われるハリー・ポッターの物語の最終話にある「死の秘宝」から、その根本的な示唆をかいま見るに足るのではないかと思われる。

死の秘宝については、

「三つの品、つまり『秘宝』は、もし三つを集められれば、持ち主は死を制する者となるだろう……制する者……勝者……最後の敵なる死もまた亡ぼされん……。」

（※7　p.64）

とあるように、死の秘宝とは物語に登場する死の杖、宿命の杖、無敵の杖などと呼ばれ、前の持ち主からその杖を奪うことによって存在する「ニワトコの杖」、死者を呼び戻し蘇らせる「蘇りの石」、そしてマントをかぶった者の姿を消す「透明マント」である。これらを解釈し、未知なる領域についての考察に足るものかどうかを考察してみよう。

まず杖の解釈であるが、魔法使いの杖とは精神的、知識的なものによって支配力を発揮するものと考えられる。そして「ニワトコの杖」であるが、物語の最後、ユング心理学でその人の否定された人格として、また人格を補う部分として「影」を説明し、ハリー・ポッターの「影」に当たるドラコ・マルフォイのダンブルドア教授の予想していなかった働きがあったことによって、ハリー・ポッターは闇の帝王からニワトコの杖を奪い取る。つまりハリー・ポッターとドラコ・マルフォイがいなければ先に述べたように、より強力で狡猾な虚無によって世界は覆い尽くされることになる。

ハリー・ポッターとドラコ・マルフォイの存在を一括りにするならば、親と子の関係の子の部分に当たる。これは広く見れば親の世代と子の世代との関係に相当すると思われる。そしてハリーが成長するにつれて闇の帝王は強力になっていき、虚無という運命づけられた糸によって過去か未来かの戦いが行われていると思われる。それというのは、親とは言わばサルトルの言う還元不可能に人間を規定し絶望が運命づけられている「くそまじめな精神」による無（過去）化作用の役割を果たすからである。そして子とはそれとは対照的に未知なる領域（未来）への扉（可能性）である。

しかし子とは親の庇護（愛）がなければ死ぬことは必然的であり、過去から未来への移行には死の鍵が必要となる。そしてそのためには親（の世代）の精神的、知識的な支配力（この支配力は親としての他（者）を支配位置にさせる恐怖や不安、過去化、道具性などの無化作用である）を受け継ぎ乗り越える、または精神的、知識的な支配力を奪い取り未来へ向かう決心の必要性が必然的に生じ、それを成し遂げることによって親（の世代）の虚無に支配権をゆだねることはなく、未来へ支配権をゆだねる道が開けると思われる。

そのためハリー・ポッターの物語ではハリーは親の庇護（愛）は受けたが生存していない。現実には私（達）の親もまた子であり私（達）もまた子であり親なのである。しかしハリー・ポッターの物語の最終話第34章、ハリーは死を決心し、その死の手前に「蘇りの石」を使い闇の帝王にまつわり殺された親とその親友を蘇らせた。

「そして再び、ハリーは頭で考えるまでもなく理解した。呼び戻すかどうかはどうでもいいことだ。間もなく自分もその仲間になるのだから。あの人たちを呼ぶのではなく、あの人たちが自分を呼ぶのだ。」（※7　p.468）

とあるように、蘇りの石は虚無によって失った私（達）の未来像にまつわる者たちを呼び戻す。私（達）の運命には虚無がつきまとうのであるから、未来への移行のためには虚無化によって失われていた私（達）の部分、現実には過去化や否定によって無化されていた他（者）がその部分を補うことになるであろうし、夢分析や創作による未来へ向けた人格統合は恐らくこれに当たる。この蘇りの石に対する考えや作業は物語中でも触れられていたが、傾向性や過去の慰みに用いることは虚無に支配権をゆだねることになるであろう。

最後に「透明マント」であるが、ハリー・ポッターの物語で最初から最後まで使用された最も重要な品の一つである。もし現実に姿を消せればキュゲスの指輪の話（※5　pp.119-121）のように好き勝手に悪事を働くことが考えられるが、ここで言う姿を消すとは、老子の無為の実践における「三つの宝」（慈・倹・先に立たず）の「先に立たず」に当たるものと思われる。魔法使いである〈理知的部分〉の世界では現実とは違い姿を消すことはそれほど問題にはならないようである。これは無（過去）化作用のある「くそまじめな精神」として指摘したトラシュマコスに対してのソクラテスの答えである。

「トラシュマコス、どうかそんなに怒らないでくれたまえ。もしもぼくとこのポレマルコスが、いろいろの言説をしらべているうちに何か過ちをおかしたとすれば、それは心ならずもおかした過ちなのだということを、よくわかってもらいたい。だってそうではないかね――かりにぼくたちが金を探しているとしたら、わざとお互いに譲り合いながら探したりして、金を見つける機会を失ってしまうなどとは、まさか考えられないだろう？　それなのにいま、たくさんの金よりもさらに大切な〈正義〉を探し求めているというのに、お互いに譲り合ってばかりいて、その発見にできるだけ力を尽くそうとしないなんて、そんな愚かなまねをぼくたちがしているなどとは、どうか思わないでくれたまえ。いやいや、これでほんとうに一生懸命なのだよ、君。ただ思うに、ぼくたちには力が足りないのだ。だから、君のように能力のある人たちとしては、ぼくたちを怒るよりは憐れむほうが、ずっとふさわしい態度ではあるまいか」（※5　p.50）

と言っているように、未来哲学につながる〈理知的部分〉は無（過去）化作用を避け、それは傍目には退いているようにも存在を消そうとしているようにも見えると思われる。このように先に立たず〈理知的部分〉によって退いて存在を消すかのようなことも、死という未知なる領域（未来）への扉（可能性）の一つと考えられる。

これらのことから、虚無を知ること、虚無によって失われた部分を取り戻すこと、虚無を避ける（退ける）こと、が物語を通して未知なる領域について示唆され、この示唆は物語の有無に限らず、本論文中の全体の考察を通して行われている未来哲学についての考察に足るものと思われる。

V　タブーについての考察

ここまでくれば、恐らく私（達）の全存在とも言えるような本質につきまとう虚無や無を否定する試みは不可能と思われる。しかし、虚無や無は私（達）にとって最も近く、そして最も気づきにくく遠いものであるように思われることであろう。その気づきにくさはあたかも魔法によって記憶を消されるようなものであり、運命という名の死に神に取り憑かれてしまったようでもある。

先に殺人をタブーの起源として触れたように、殺人にまつわる虚無や無はタブーにまつわると思われる。そしてこれら虚無や無とタブーは、全く不可解に私（達）を魅了し、憎み合わせ、騒ぎ立てさせ、私（達）の本質を檻に閉じ込めさせる。これらはまるで無数に張り巡らされた糸のように、もがけばもがくほど糸が絡みついてくる。過去から未来への素通りを阻む網のようである。

しかし、これまで述べてきたことから、その網に掛からないさらに細かく、虚無や無を含めたものよりもさらに大きな道の流れが未知なる領域（未来）への扉（可能性）として存在していることが考察されてきた。このようなことから、私（達）の意識はいかなる瞬間であろうとも虚無（過去）に支配権をゆだねるか、未来に支配権をゆだねるかの選択、あるいは支配権を巡っての争いのようなことが行われている。

私（達）は虚無についての考察の最初に触れた、サルトルの無の考察である「問いかけ」と「否定」が如何なる方法、法則性によってタブーに触れ、そして如何なる方法、法則性によって知の非存在、超越的存在のなかの非存在の可能性への懸橋となる可能性を開くかを見出してきた。ここにきて、ようやく私（達）はニーチェの問題提起に対しての解決策を提示できたと思われる。

ニーチェの指摘した私（達）の虚無への意志というものは正しかった。しかし、私（達）の存在はあながち無駄というわけではなかったようだ。それでもやはり、タブーという法則性、そして道徳的法則と死、これらのことから私（達）は何を見出せるであろうか？　恐らく、今しばらくの間は、依存症の治療が必要となるであろう。そして、今しばらくすれば、虚無という無意味の意味と使い方を、少しずつわかるのかもしれない。

これから先は想像でしかないが、言葉はあまり必要としなくなってくる。少なくとも、今の半分以下になる。書物は別かもしれないが、強迫的に読む必要なものなんてなくなる。それでも、争いはあるかもしれないが、「共通理解による問題解決の営み」は未来を見据えて行われる。

タブーに触れるとどうなるかは、大人はわかっていて、子どもにはあまり口を出さない。タブーがわかってくると、道徳的法則の流れや道もわかってくる。大人がわかってくれば、子どもは自然にそれがわかってくると思われる。私（達）の未来像は私（達）には知る術はないと思われるが、これらの法則性から私（達）は法則の担い手であり、世界の創造主でありかつ世界の一欠片である。

Ⅵ　終わりに

最後に今後の課題と展望についての考察を必要とすると思われる。私（達）は先に虚無が有史以来つきまとっていること、性的なものに関係していることが明らかと思われることを指摘した。このことは、人間という私（達）の誕生以前に私（達）は存在していることを物語る。虚無が私（達）をつくったなどというのは背理であろう。虚無でも私（達）でもない不確定な第三者が全てをつくったという考えは、有史以来の虚無という仮面をかぶった死に神を招くであろう。考えられることとしては、私（達）が虚無をつくった、と言うことになるであろう。

運命という遺伝子の設計図をつくったのは恐らく私（達）であり、原初（何を原初とするかは不明だが）から存在している私（達）が道徳的法則たり得る存在である。恐らく設計図というものは既に存在しており、私（達）が向かう先は、虚無がつくられる以前、有史以前の原初の私（達）である。その私（達）がなぜ虚無をつくったのかは、今の私（達）には甚だ理解しかねることと恐らく思われることであろう（何かの壮大な計画による実験的なものか、それとも虚無の快楽と苦悩を知りたいのか）。

このような問いは私（達）とは何なのか？ という問いをより一層深めることになると思われる。そしてこのような世界観は私（達）の世界（虚無とは別の世界）に対する認識と考察を必要とさせると思われる。そしてこのような世界はあたかも霊界や霊体、聖霊や精霊というようなものに類するようなものであるのではなかろうか。

しかしこのような世界に類する話は本論文のあずかり得ないことである。私（達）は私（達）になるべく私（達）の道を進んでいる。本論文はこれまでの哲学、心理学を踏まえた上で、道徳、及び今後の研究の発展に役立てられることを願い、ここに捧げる。

〈引用・参考文献〉

※1　ジャン＝ポール・サルトル『存在と無Ⅰ』（訳）松浪信三郎　ちくま学芸文庫　2007
※2　ジャン＝ポール・サルトル『存在と無Ⅱ』（訳）松浪信三郎　ちくま学芸文庫　2007
　　ジャン＝ポール・サルトル『存在と無Ⅲ』（訳）松浪信三郎　ちくま学芸文庫　2008
※3　ショウペンハウエル『自殺について　他四編』（訳）斉藤信治　岩波文庫　1952
※4　カント『実践理性批判』（訳）波多野精一・宮本和良・篠田英雄　岩波文庫　1979
　　カント『永遠平和のために／啓蒙とは何か　他3編』（訳）中山元　光文社古典新訳文庫　2006
※5　プラトン『国家（上）』（訳）藤沢令夫　岩波文庫　1979
　　プラトン『国家（下）』（訳）藤沢令夫　岩波文庫　1979
　　ニーチェ『道徳の系譜学』（訳）中山元　光文社古典新訳文庫　2009
　　ニーチェ『善悪の彼岸』（訳）中山元　光文社古典新訳文庫　2009
　　ニーチェ『この人を見よ』（訳）手塚富雄　岩波文庫　1969
　　デカルト『方法序説』（訳）谷川多佳子　岩波文庫　1997
　　デカルト『情念論』（訳）谷川多佳子　岩波文庫　2008
　　キェルケゴール『死に至る病』（訳）斉藤信治　岩波文庫　1939

フロイト『フロイト著作集　第三巻』（訳）高橋義孝 他　人文書院　１９６９

河合隼雄『昔話の深層』　福音館書店　１９７７

※６　J・K・ローリング『ハリー・ポッターと謎のプリンス㊤巻』（訳）松岡祐子　静山社　２００６

J・K・ローリング『ハリー・ポッターと謎のプリンス㊦巻』（訳）松岡祐子　静山社　２００６

J・K・ローリング『ハリー・ポッターと死の秘宝㊤巻』（訳）松岡祐子　静山社　２００８

※７　J・K・ローリング『ハリー・ポッターと死の秘宝㊦巻』（訳）松岡祐子　静山社　２００８

Darren Shan『ダレン・シャンXI―闇の帝王―』（訳）橋本恵　小学館　２００４

Darren Shan『ダレン・シャンXII―運命の息子―』（訳）橋本恵　小学館　２００５

宮崎駿『風の谷のナウシカ7』徳間書店　１９９５

加島祥造『タオ―老子』　筑摩書房　２０００

岬龍一郎『［新訳］老子』　ＰＨＰ研究所　２００９

葦名次夫・阿見拓男・新井明・池田考司・及川良一・大谷いづみ・大竹儀一・加藤国彦・

兼松正人・川原茂雄・小泉博明・杉田和孝・田久仁・星光行・星野浩章・松本浩一・宮

沢眞二・村田正純・山崎健一『ワイド　倫理』東京学習出版社　２０００

田﨑　久也（たさき ひさや）

1984年生まれ。茨城県出身。
2008年　茨城キリスト教大学卒業。
2012年　茨城キリスト教大学大学院中退。
本論文は2010年に書かれたもの。

新しい道徳と神概念についての諸考察 ～虚無とタブー～

2021年2月28日　第1刷発行

著　者　田﨑久也
発行人　大杉　剛
発行所　株式会社 風詠社
〒553-0001　大阪市福島区海老江5-2-2
大拓ビル5 - 7階
Tel 06（6136）8657　https://fueisha.com/
発売元　株式会社 星雲社
（共同出版社・流通責任出版社）
〒112-0005　東京都文京区水道1-3-30
Tel 03（3868）3275
装幀　2DAY
印刷・製本　小野高速印刷株式会社

ISBN978-4-434-28725-1 C3010